RELATION
D'UN VOYAGE
A LA CIME
DU MONT-BLANC.

RELATION
ABRÉGÉE
D'UN VOYAGE
A LA CIME
DU MONT-BLANC,

En Août 1787.

Par H. B. DE SAUSSURE.

A GENÈVE,

Chez BARDE, MANGET & Compagnie,
Imprimeurs-Libraires.

RELATION ABRÉGÉE D'UN VOYAGE À LA CIME DU MONT-BLANC.

Divers ouvrages périodiques ont appris au Public, qu'au mois d'Août de l'année dernière, deux habitans de Chamouni, M. Paccard, Docteur en médecine, & le guide Jaques Balmat, parvinrent à la cime du Mont-Blanc, qui jusques alors avoit été regardée comme inaccessible.

Je le fus dès le lendemain, & je partis fur le champ pour eſſayer de ſuivre leurs traces. Mais il ſurvint des pluies & des neiges qui me forcèrent à y renoncer pour cette ſaiſon. Je laiſſai à JAQUES BALMAT la commiſſion de viſiter la montagne dès le commencement de Juin, & de m'avertir du moment où l'affaiſſement des neiges de l'hiver la rendroit acceſſible. Dans l'intervalle j'allai en Provence faire au bord de la mer des expériences qui devoient ſervir de terme de comparaiſon à celles que je me propoſois de tenter ſur le Mont-Blanc.

JAQUES BALMAT fit dans le mois de Juin deux tentatives inutiles; cependant il m'écrivit qu'il ne doutoit pas qu'on ne pût y parvenir dans les premiers jours de Juillet. Je partis alors pour Chamouni. Je rencontrai à Sallenche le courageux BALMAT qui venoit à Genève m'annoncer ſes nouveaux ſuccès; il étoit monté le 5 Juillet à la cime de la montagne avec deux autres guides, Jean-Michel CACHAT & Alexis TOURNIER. Il pleuvoit quand j'arrivai à Chamouni, & le mauvais temps dura près de quatre ſemaines. Mais j'étois décidé à attendre juſques à la fin de la ſaiſon plutôt que de manquer le moment favorable.

IL vint enfin, ce moment ſi déſiré, & je me

mis en marche le 1er. Août, accompagné d'un domestique & de 18 guides (*) qui portoient mes instrumens de physique & tout l'attirail dont j'avois besoin. Mon Fils aîné desiroit ardemment de m'accompagner; mais je craignis qu'il ne fût pas encore assez robuste & assez exercé à des courses de ce genre. J'exigeai qu'il y renonçât. Il resta au Prieuré, où il fit avec beaucoup de soin des observations correspondantes à celles que je faisois sur la cime.

(*) *Voici leurs noms.*

Jaques Balmat, dit *le Mont-Blanc.*
Pierre Balmat }
Marie Coutet } mes guides ordinaires.
Jaques Balmat, domestique de Mde. Couteran.
Jean-Michel Cachat, dit *le Géant.*
Jean-Baptiste Lombard, dit *Jorasse.*
Alexis Tournier.
Alexis Balmat.
Jean-Louis Dévouassou.
Jean-Michel }
Michel }
François } Dévouassou, frères.
Pierre }
François Coutet.
. . . . . . Ravanet.
Pierre-François Favret.
Jean-Pierre Cachat.
Jean-Michel Tournier.

Quoiqu'il y ait à peine deux lieues & un quart en ligne droite, du Prieuré de Chamouni à la cime du Mont-Blanc, cette course a toujours exigé au moins 18 heures de marche, parce qu'il y a de mauvais pas, des détours & environ 1920 toises à monter.

Pour être parfaitement libre sur le choix des lieux où je passerois les nuits, je fis porter une tente, & le premier soir j'allai coucher sous cette tente au sommet de la montagne de la Côte, qui est située au midi du Prieuré, & à 779 toises au-dessus de ce village. Cette journée est exempte de peines & de dangers; on monte toujours sur le gazon ou sur le roc, & l'on fait aisément la route en cinq ou six heures. Mais de là jusques à la cime, on ne marche plus que sur les glaces ou sur les neiges.

La seconde journée n'est pas la plus facile. Il faut d'abord traverser le glacier de la Côte pour gagner le pied d'une petite chaîne de rocs qui sont enclavés dans les neiges du Mont-Blanc. Ce glacier est difficile & dangereux. Il est entrecoupé de crevasses larges, profondes & irrégulieres; & souvent on ne peut les franchir que sur des ponts de neige, qui sont quelquefois très-minces & suspendus sur des abîmes. Un de mes guides faillit à y périr. Il étoit allé la veille avec deux autres pour reconnoitre le passage : heureusement ils avoient eu la précaution de se lier les uns aux autres avec des cordes ; la neige se rompit sous lui au milieu d'une large & profonde crevasse, & il demeura suspendu entre ses deux camarades. Nous passâmes tout près de l'ouverture qui s'étoit formée sous lui, & je frémis à la vue du danger qu'il avoit couru. Le passage de ce glacier est si difficile & si tortueux, qu'il nous fallut trois heures pour aller du haut de la Côte jusques aux premiers rocs de la chaîne isolée ; quoiqu'il n'y ait guères plus d'un quart de lieue en ligne droite.

Après avoir atteint ces rocs, on s'en éloigne d'abord pour monter en serpentant dans un vallon rempli de neiges, qui va du nord au sud jusques au pied de la plus haute cime. Ces neiges sont coupées de loin en loin par d'énormes & superbes crevasses. Leur coupe vive & nette montre les neiges disposées par couches horisontales, & chacune de ces couches correspond à une année. Quelle que soit la largeur de ces crevasses, on ne peut nulle part en découvrir le fond.

Mes guides desiroient que nous passassions la nuit auprès de quelqu'un des rocs que l'on rencontre sur cette route ; mais comme les plus élevés sont encore de 6 ou 700 toifes plus bas que la cime ; je voulois m'élever davantage. Pour cela il falloit aller camper au milieu des neiges ; & c'eft à quoi j'eus beaucoup de peine à déterminer mes compagnons de voyage. Ils s'imaginoient que pendant la nuit il règne dans ces hautes neiges un froid abfolument infupportable, & ils craignoient férieufement d'y périr. Je leur dis enfin que pour moi j'étois déterminé à y aller avec ceux d'entr'eux dont j'étois fûr, que nous creuferions profondément dans la neige, qu'on couvriroit cette excavation avec la toile de la tente, que nous nous y renfermerions tous enfemble, & qu'ainfi nous ne fouffririons point du froid, quelque rigoureux qu'il pût être. Cet arrangement les raffura, & nous allâmes en avant.

A quatre heures du foir nous atteignîmes le fecond des trois grands plateaux de neige que nous avions à traverfer. C'eft là que nous campâmes à 1455 toifes au-deffus du Prieuré & à 1995 au-deffus de la mer, 90 toifes plus haut que la cime du pic de Ténériffe. Nous n'allâmes pas jufqu'au dernier plateau, parce qu'on y eft expofé aux avalanches. Le premier plateau par lequel nous venions de paffer n'en eft pas non plus exempt. Nous avions traverfé deux de ces avalanches, tombées depuis le dernier voyage de BALMAT, & dont les débris couvroient la vallée dans toute sa largeur.

Mes guides se mirent d'abord à excaver la place dans laquelle nous devions passer la nuit; mais ils sentirent bien vite l'effet de la rareté de l'air. (Le baromètre n'étoit qu'à 17 pouces, 10 lignes $\frac{29}{32}$.) Ces hommes robustes, pour qui 7 ou 8 heures de marche que nous venions de faire ne sont absolument rien, n'avoient pas soulevé 5 ou 6 pellées de neige, qu'ils se trouvoient dans l'impossibilité de continuer; il falloit qu'ils se relayassent d'un moment à l'autre. L'un d'eux, qui étoit retourné en arrière pour prendre dans un baril de l'eau que nous avions vue dans une crevasse, se trouva mal en y allant, revint sans eau, & passa la soirée dans les angoisses les plus pénibles. Moi-même, qui suis si accoutumé à l'air des montagnes, qui me porte mieux dans cet air que dans celui de la plaine, j'étois épuisé de fatigue en observant mes instrumens de météorologie. Ce mal-aise nous donnoit une soif ardente, & nous ne pouvions nous procurer de l'eau qu'en faisant fondre de la neige; car l'eau que nous avions vue en montant se trouva gelée quand on voulut y retourner; & le petit réchaud à charbon que j'avois fait porter servoit bien lentement 20 personnes altérées.

Du milieu de ce plateau, renfermé entre la dernière cime du Mont-Blanc, au midi; ſes hauts gradins à l'eſt & le dôme du Goûté à l'oueſt, on ne voit preſque que des neiges; elles ſont pures, d'une blancheur éblouiſſante, & ſur les hautes cimes elles forment le plus ſingulier contraſte avec le ciel preſque noir de ces hautes régions. On ne voit là aucun être vivant, aucune apparence de végétation; c'eſt le ſéjour du froid & du ſilence. Lorſque je me repréſentois le Docteur PACCARD & Jaques BALMAT arrivant les premiers au déclin du jour dans ces déſerts, ſans abri, ſans ſecours, ſans avoir même la certitude que les hommes pûſſent vivre dans les lieux où ils prétendoient aller, & pourſuivant cependant toujours intrépidément leur carrière, j'admirois leur force d'eſprit & leur courage.

Mes guides toujours préoccupés de la crainte du froid, fermèrent ſi exactement tous les joints de la tente, que je ſouffris beaucoup de la chaleur & de l'air corrompu par notre reſpiration. Je fus obligé de ſortir dans la nuit pour reſpirer. La lune brilloit du plus grand éclat au milieu d'un ciel d'un noir d'ébêne; Jupiter ſortoit tout rayonnant auſſi de lumière, de derrière la plus haute cime à l'eſt du Mont-Blanc, & la lumière reverbérée partout ce baſſin de neiges étoit ſi éblouiſſante, qu'on ne pouvoit diſtinguer que les étoiles de la première & de la ſeconde grandeur. Nous commencions enfin à nous endormir, lorſque nous fûmes réveillés par le bruit d'une grande avalanche, qui couvrit une partie de la pente que nous devions gravir le lendemain. A la pointe du jour le thermomètre étoit à trois degrés au-deſſous de la congélation.

Nous ne partîmes que tard, parce qu'il fallut faire fondre de la neige pour le déjeûné & pour la route; elle étoit bue auſſitôt que fondue, & ces gens qui gardoient religieuſement le vin que j'avois fait porter, me déroboient continuellement l'eau que je mettois en réſerve.

Nous commençâmes par monter au troiſième & dernier plateau, puis nous tirâmes à gauche pour arriver ſur le rocher le plus élevé à l'eſt de la cime. La pente eſt extrêmement rapide, de 39 degrés en quelques endroits; partout elle aboutit à des précipices, & la ſurface de la neige étoit ſi dure, que ceux qui marchoient les premiers ne pouvoient pas aſſurer leurs pas, ſans la rompre avec une hache. Nous mîmes 2 heures à gravir cette pente, qui a environ 250 toiſes de hauteur. Parvenus au dernier rocher, nous reprîmes à droite à l'oueſt pour gravir la dernière pente, dont la hauteur perpendiculaire est à-peu-près de 150 toises. Cette pente n'est inclinée que de 28 à 29 degrés & ne présente aucun danger; mais l'air y est si rare que les forces s'épuisent avec la plus grande promptitude; près de la cime je ne pouvois faire que 15 ou 16 pas sans reprendre haleine, j'éprouvois même de temps en temps un commencement de défaillance qui me forçoit à m'asseoir : mais à mesure que la respiration se rétablissoit, je sentois renaître mes forces; il me sembloit en me remettant en marche que je pourrois monter tout d'une traite jusqu'au sommet de la montagne. Tous mes guides, proportion gardée de leurs forces, étoient dans le même état. Nous mîmes deux heures depuis le dernier rocher jusqu'à la cime, & il en étoit onze quand nous y parvînmes.

Mes premiers regards furent sur Chamouni, où je savois ma femme & ses deux sœurs, l'œil fixé au télescope; suivant tous mes pas avec une inquiétude, trop grande sans doute, mais qui n'en étoit pas moins cruelle; & j'éprouvai un sentiment bien doux & bien consolant, lorsque je vis flotter l'étendard qu'elles m'avoient promis d'arborer au moment où, me voyant parvenu à la cime, leurs craintes seroient au moins suspendues.

Je pus alors jouir sans regret du grand spectacle

que j'avois fous les yeux. Une légère vapeur fuspendue dans les régions inférieures de l'air me déroboit à la vérité la vue des objets les plus bas & les plus éloignés, tels que les plaines de la France & de la Lombardie; mais je ne regrettai pas beaucoup cette perte; ce que je venois voir, & ce que je vis avec la plus grande clarté, c'eſt l'enſemble de toutes les hautes cimes dont je déſirois depuis ſi long-temps de connoître l'organiſation. Je n'en croyois pas mes yeux, il me ſembloit que c'étoit un rêve, lorſque je voyois ſous mes pieds ces cimes majeſtueuſes, ces redoutables Aiguilles, le Midi, l'Argentière, le Géant, dont les baſes mêmes avoient été pour moi d'un accès ſi difficile & ſi dangereux. Je ſaiſiſſois leurs rapports, leur liaiſon, leur ſtructure, & un ſeul regard levoit des doutes que des années de travail n'avoient pu éclaircir.

PENDANT ce temps-là mes guides tendoient ma tente, & y dreſſoient la petite table ſur laquelle je devois faire l'expérience de l'ébullition de l'eau. Mais quand il fallut me mettre à diſpoſer mes inſtrumens & à les obſerver, je me trouvai à chaque inſtant obligé d'interrompre mon travail, pour ne m'occuper que du ſoin de reſpirer. Si l'on conſidère que le baromètre n'étoit là qu'à 16 pouces 1 ligne, & qu'ainſi l'air n'avoit guères plus de la moitié de ſa denſité ordinaire, on comprendra qu'il falloit ſuppléer à la denſité par la fréquence des inſpirations. Or, cette fréquence accéléroit le mouvement du ſang, d'autant plus que les artères n'étoient plus contrebandées au dehors par une preſſion égale à celle qu'elles éprouvent à l'ordinaire. Auſſi avions-nous tous la fièvre, comme on le verra dans le détail des obſervations.

Lorſque je demeurois parfaitement tranquille, je n'éprouvois qu'un peu de mal-aiſe, une légère diſpoſition au mal de cœur. Mais lorſque je prenois de la peine, ou que je fixois mon attention pendant quelques momens de ſuite, & ſurtout lorſqu'en me baiſſant je comprimois ma poitrine, il falloit me repoſer & haleter pendant deux ou trois minutes. Mes guides éprouvoient des ſenſations analogues. Ils n'avoient aucun appétit ; & à la vérité nos vivres, qui s'étoient tous gelés en route, n'étoient pas bien propres à l'exciter ; ils ne ſe ſoucioient pas même du vin & de l'eau-de-vie. En effet, ils avoient éprouvé que les liqueurs fortes augmentent cette indiſpoſition, ſans doute, en accélérant encore la viteſſe de la circulation. Il n'y avoit que l'eau fraîche qui fît du bien & du plaisir, & il fallut du temps & de la peine pour allumer du feu, sans lequel nous ne pouvions point en avoir.

Je restai cependant sur la cime jusqu'à 3 heures & demie, & quoique je ne perdisse pas un seul moment, je ne pus pas faire dans ces 4 heures & demie toutes les expériences que j'ai fréquemment achevées en moins de 3 heures au bord de la mer. Je fis cependant avec soin celles qui étoient les plus essentielles.

Je descendis beaucoup plus aisément que je ne l'avois espéré. Comme le mouvement que l'on fait en descendant ne comprime point le diaphragme, il ne gêne pas la respiration, & l'on n'est point obligé de reprendre haleine. La descente du rocher au premier plateau, étoit cependant bien pénible par sa rapidité; & le soleil éclairoit si vivement les précipices que nous avions sous nos pieds, qu'il falloit avoir la tête bonne pour n'en être pas effrayé. Je vins coucher encore sur la neige à 200 toises plus bas que la nuit précédente. Ce fut là que j'achevai de me convaincre que c'étoit bien la rareté de l'air qui nous incommodoit sur la cime; car si c'eut été la fatigue, nous aurions été beaucoup plus malades, après cette longue & pénible descente; & au contraire,

B

nous soupâmes de bon appétit, & je fis mes obfervations fans aucun fentiment de mal-aife. Je crois
même que la hauteur où commence cette indif-
pofition eft parfaitement tranchée pour chaque
individu. Je fuis très-bien jufqu'à 1.900 toifes
au-deffus de la mer, mais je commence à être
incommodé lorfque je m'élève davantage.

Le lendemain, nous trouvâmes le glacier de la
Côte changé par la chaleur de ces deux jours,
& plus difficile encore à traverfer qu'il ne l'étoit
en montant. Nous fûmes obligés de defcendre
une pente de neige, inclinée de 50 degrés, pour
éviter une crevaffe qui s'étoit ouverte pendant
notre voyage. Enfin, à 9 heures & demie nous
abordâmes à la montagne de la Côte, très-contens
de nous retrouver fur un terrain que nous ne
craignons pas de voir s'enfoncer fous nos pieds.

Je rencontrai là M. Bourrit qui vouloit en-
gager quelques-uns de mes guides à remonter fur
le champ avec lui; mais ils fe trouvèrent trop
fatigués, & voulurent aller fe repofer à Chamouni.
Nous defcendîmes donc tous enfemble gaiement
au Prieuré, où nous arrivâmes pour dîner. J'eus
un grand plaifir à les ramener tous fains & faufs,
avec leurs yeux & leur vifage dans le meilleur
état. Les crêpes noirs dont je m'étois pourvu

& dont nous nous étions tous enveloppé le visage, nous avoient parfaitement préservés ; au lieu que nos prédécesseurs étoient revenus presqu'aveugles, & avec le visage brûlé & gercé jusqu'au sang par la reverbération des neiges.

Notice des observations & des expériences faites sur la cime du Mont-Blanc, le 3 Août 1787.

NB. Les développemens paroîtront dans le IIIe. Vol. de mes Voyages.

Forme de la cime. On ne trouve point de plaine sur cette cime, c'est une arrête alongée, à-peu-près horisontale dans sa partie la plus élevée, dirigée du levant au couchant, & descendant de part & d'autre dans ces deux directions sous des angles de 28 à 30 degrés. Du côté du midi la pente est fort douce, de 15 à 20 degrés, mais de 45 à 50 du côté du nord. Cette arrête est tout-à-fait étroite, & presque tranchante à son sommet, au point que deux personnes ne pourroient pas y marcher de front ; mais elle s'arrondit en descendant du côté de l'est, & elle prend du côté de l'ouest la forme d'un avant-toit saillant au nord. Toute cette sommité est entièrement couverte de neige, on n'en voit sortir aucun rocher, fi ce n'eft à 60 ou 70 toifes au-deffous de la cime.

Neige de la cime. Sa furface eft écailleufe, couverte en quelques endroits d'un vernis de glace; fa confiftance eft ferme, on y enfonce cependant un bâton, mais avec quelque difficulté. Les pentes de la cime font couvertes d'une croûte de neige gelée, qui fe rompt fréquemment fous les pieds; & au-deffous de cette croûte on trouve une neige folle & fans cohérence.

Rochers. Les plus élevés font tous de granit; ceux du côté de l'eft font mélangés d'un peu de ftéatite, ceux du midi & de l'oueft contiennent beaucoup de fchorl, & un peu de pierre de corne. Un des plus élevés à l'eft préfente des couches bien prononcées & à-peu-près verticales. M. le Docteur PACCARD avoit déjà fait cette obfervation. Les plus hauts que l'on rencontre, font deux petits rocs de granit très-rapprochés l'un de l'autre, fitués à l'eft de la cime, & à 60 ou 70 toifes au-deffous d'elle. On ne peut pas douter que le plus élevé des deux n'ait été depuis peu fracaffé par la foudre; car nous trouvâmes fes fragmens épars de tous côtés fur la neige nouvelle, à plufieurs pieds de diftance. Je ne pus cependant y découvrir aucune bulle vitreufe, fans doute, parce que toutes fes parties conftituantes font très-réfractaires. Le rocher inférieur préfente la forme d'une table horizontale liffe par-deffus. Cette table s'enfonce dans la neige du côté d'en-haut, mais elles s'élève au-deffus de fa furface du côté d'en-bas ou de l'eft, de 4 pieds 8 pouces 6 lignes. Cette mefure exacte fervira à décider dans la fuite fi ces neiges augmentent ou diminuent.

Animaux. Nous n'avons vu d'autres animaux que deux papillons, l'un étoit une petite phalène grife qui traverfoit le premier plateau, l'autre étoit un papillon de jour que je crois être le *Myrtil*; il traverfoit la dernière pente du Mont-Blanc à environ 100 toifes au-deffous de la cime. Vraifemblablement ils avoient été portés là par les vents.

Végétaux. La plante parfaite, ou à fleurs diftinctes que j'ai rencontrée à la plus grande hauteur, c'eft la *Silene acaulis* ou le *Carnillet mouffier* de M. de la MARCK : j'en trouvai une touffe fleurie dans le roc, près duquel je couchai à mon retour, environ à 1780 toifes au-deffus de la mer. Mais j'ai vu de petits lichens tuberculés, jufques fur les rochers les plus élevés; & entr'autres le *fulphureus* & le *rupeſtris* de *Hoffmann Enumerat. lichenum.*

Baromètre. J'avois pris pour ce voyage trois barometres, j'en laiſſai un au Prieuré de Chamouni, à mon fils, pour qu'il fît des obſervations correſpondantes, & aux miennes, & à celles que M. Senebier avoit bien voulu ſe charger de faire à Genève. Je fis porter les deux autres ſur le Mont-Blanc, pour qu'ils ſe contrôlaſſent réciproquement. Le 3 Août, à midi, à 3 pieds au-deſſous de la cime du Mont-Blanc ils étoient à 16 pouces, 0 ligne $\frac{144}{160}$ de ligne, correction faite de la condenſation du mercure par le froid, & de la petite différence qu'il y avoit entre les deux inſtrumens. Dans le même moment le baromètre de M. Senebier à Genève étoit, toute correction faite, à 27, 2. $\frac{1085}{1600}$. Le thermomètre à l'ombre étoit ſur le Mont-Blanc à 2 degrés 3 dixièmes au-deſſous de la congélation, & à Genève à 22, 6 au-deſſus. D'après ces hauteurs relatives du baromètre & du thermomètre, ſi l'on calcule la hauteur de la montagne ſuivant la formule de M. De Luc, on trouvera 2218 toiſes au-deſſus du cabinet de M. Senebier, & 2272 ſuivant celle de M. Trembley. Il faut ajouter à cette hauteur, celle du cabinet de M. Senebier au-deſſus du lac, c'eſt-à-dire, environ 13 toises. Donc la hauteur du Mont-Blanc sur le lac seroit de 2231 toises suivant la première formule, & de 2285 suivant la seconde. Or, la mesure trigonométrique du Chevalier Schuckburgh, plus haute de 19 toises que celle de M. Pictet, donne au Mont-Blanc une hauteur intermédiaire entre ces deux, savoir 2257 toises au-dessus du lac. Ici donc, comme à l'ordinaire, la formule de M. De Luc diminue trop la hauteur donnée par les logarithmes, & si dans ce cas-ci celle de M. Trembley ne la diminue pas assez, la raison en est évidente. La couche d'air supérieure est beaucoup plus froide autour du Mont-Blanc qu'autour des autres montagnes, à cause des neiges & des glaces qui l'entourent presque dès sa base. Il faut donc pour lui une correction un peu plus grande que pour les autres montagnes. Au reste le Chevalier Schuckburgh n'a mesuré le Mont-Blanc que d'après des bases extrêmement petites, & même la plus grande de ces bases donne au Mont-Blanc 2261 toises, ce qui augmente l'écart de M. De Luc, & diminue celui de M. Trembley.

Le résultat de l'observation faite à Chamouni, par mon fils, se rapproche encore plus de la mesure du Chevalier Schuckburgh, lorsqu'on calcule cette observation d'après la formule de M. Trembley. Une seconde observation que je fis à deux heures sur le Mont-Blanc, ne s'écarte pas non plus sensiblement de la première. On peut conclure de-là que le Mont-Blanc ne s'éloigne pas beaucoup de la hauteur que lui donne le chevalier Schuckburgh : savoir, 2450 toises au-dessus de la mer.

Thermomètre de mercure, à boule isolée, suspendu à quatre pieds au-dessus de la cime à midi au soleil — 1, 3, à la même hauteur, mais à l'ombre du bâton auquel il étoit suspendu — 2, 3, & un autre thermomètre dont la boule étoit teinte en noir + 1, 9.

Les mêmes au même lieu à deux heures ; au soleil — 1, 3, à l'ombre —, 2, 5, & le noir au soleil + 1, 9.

Hygromètre. J'en avois deux, je commençai par les renfermer dans une boëte humectée (1) ; ils vinrent comme dans la plaine à leur terme d'humidité extrême. Je les plaçai ensuite comme les thermomètres, l'un au soleil & l'autre à

---

(1) Je ferai voir dans peu combien les objections de M. De Luc contre cette manière d'obtenir l'humidité extrême sont mal fondées, & combien son nouvel hygromètre est un instrument vicieux & trompeur.

l'ombre du bâton auquel ils étoient fuspendus. A midi au foleil, 44, à l'ombre 51. Cette différence eft ici beaucoup plus grande qu'elle ne l'eft ordinairement dans la plaine. A trois heures au foleil 46, à l'ombre 52. A Genève l'hygromètre étoit à midi à 76, 7, & au Prieuré à 73, 4.

Il fuit de-là que fur le Mont-Blanc l'air contenoit fix fois moins d'humidité qu'à Genève. Car d'après mes tables (*Effais fur l'Hygrométrie*, §. 180) un pied cube d'air à la température de — 2, 6 & au degré de féchereffe de 57°. ne contient qu'un grain $\frac{7}{10}$ d'eau réduite en vapeur; tandis que ce même pied cube à la température de 22, 6 & au degré de féchereffe de 76, 7, en contient un peu plus de 10. Cette extrême féchereffe de l'air étoit fans doute une des caufes de la foif ardente que nous éprouvions.

Electrometre. Les boules divergeoient de trois lignes, l'électricité étoit pofitive. Je fus étonné de ne pas la trouver plus forte; cela vient vraifemblablement de la féchereffe de l'air.

Ebullition de l'eau. L'eau bout à 68 degrés 993 millièmes d'un thermomètre armé d'un micromètre, où le mercure monte à 80 degrés lorfque le baromètre eft à 27 pouces. L'eau eft renfermée dans une bouilloire qui fe chauffe par une lampe à esprit de vin, construite sur les principes de M. ARGAND. Tout cet appareil a été construit par M. PAUL avec la plus grande exactitude. Il fallut sur le Mont-Blanc demi-heure pour faire bouillir l'eau, tandis qu'il ne faut à Genève que 15 à 16 minutes & au bord de la mer 12 ou 13. Dans le même appareil l'eau prit au bord de la mer le 22 Avril de cette année une chaleur de 81°, 299; le baromètre corrigé à 28 pouces 7 lignes $\frac{82}{100}$ de ligne, ce qui fait 12 degrés 306 millièmes de différence.

Couleur du ciel. J'avois teint des bandes de papier avec du bleu d'azur de seize nuances différentes, depuis la plus foncée que j'avois cottée N°. 1, jusques à la plus pâle possible, cottée N°. 16; j'avois pris sur chacune de ces bandes trois quarrés égaux, & j'avois ainsi formé trois suites parfaitement semblables de ces nuances, je laissai l'une de ces suites à M. SENEBIER, l'autre à mon Fils, & j'emportai la troisième. Le 3 Août à midi, le ciel au zénith à Genève paroissoit de la 7me. nuance, à Chamouni entre la 5me. & la 6me., & sur le Mont-Blanc entre la 1ere. & la 2me., c'est-à-dire tout près du bleu de roi le plus foncé.

Vent. A la cime du Mont-Blanc il venoit directement du Nord, & il étoit incommode par son froid lorsqu'on étoit sur le tranchant de la cime, mais pour peu qu'on descendît du côté du midi, on ne le sentoit absolument point, on jouissoit d'une température agréable, & la plupart de mes guides dormoient ou se reposoient sur leurs sacs étendus sur la neige.

Déclinaison de l'aiguille aimantée. La même qu'au Prieuré.

Eau de chaux. Je la mêlai avec parties égales d'eau distillée, pour que s'il paroissoit une crême de chaux, on ne fût pas dans le doute si elle étoit due à l'air fixe ou au rapprochement produit par l'évaporation : J'en remplis deux petits verres que je posai sur la cime, loin de la place que nous occupions, & en prenant bien garde à ne pas diriger sur eux ma respiration. Au bout d'une heure & trois quarts, je trouvai dans chacun des verres une pellicule couleur d'iris nageant à la surface de l'eau, qui commençoit à se geler sur les bords. Près de la mer, dans le même espace de temps, il se formoit une croûte beaucoup plus épaisse.

Alkali caustique. Je trempai des bandes de papier dans le l'alkali végétal caustique, préparé par mon fils avec le plus grand soin ; ces bandes en sortant de la bouteille ne faisoient aucune effervescence dans les acides ; mais lorsqu'elles eurent été exposées à l'air sur la cime de la montagne pendant une heure & demie, elles se trouvèrent desséchées & firent alors une très-vive effervescence. J'avois cependant pris pour elles les mêmes précautions que pour l'eau de chaux. On ne peut donc pas douter qu'à cette hauteur l'air atmosphérique ne soit encore mélangé d'air fixe.

Ombres. Sans couleur.

L'odorat & le goût avoient là toute leur perfection : nous trouvâmes tous au vin & à nos alimens le même goût & la même odeur que nous leur avions trouvé au pied de la montagne.

Son. Un coup de pistolet tiré sur la cime ne fit pas plus de bruit qu'un petit pétard de la Chine n'en fait dans une chambre.

Vitesse du pouls. Après 4 heures de séjour & de repos sur la cime, le pouls de Pierre BALMAT battoit 98 pulsations par minute, celui de TÊTU mon domestique 112, & le mien 100. A Chamouni les mêmes dans le même ordre, 49, 60, 72.

Hauteur relative de la cime du Mont-Blanc. Les sommités les plus élevées que je pusse découvrir, étoient le Schreckhorn dans le Grindelwald & le Mont-Rosa en Piémont ; je les voyois l'un & l'autre sous un angle de 30 minutes au-dessous de l'horizon : or malgré l'abaissement du niveau vrai au-dessous du niveau apparent, cet angle laisse encore au Mont-Blanc une supériorité décidée.

Je rapportai des flacons remplis d'air pris sur la cime; mais je n'ai pas pu encore l'analyser. Je pris aussi de la neige dans le même dessein.

Je me faisois le plus grand plaisir de répéter les belles expériences de M. BERTHOLLET, & d'éprouver combien la vivacité de la lumière accéléreroit la décomposition de l'acide marin déphlogistiqué : nous en avions préparé de très-concentré, & j'en avois pris des flacons avec moi. Mais avec quelque soin que je les eusse fermés, le gas s'échappa au point de décolorer le papier bleu dont je les avois enveloppés.

Je ne pus point faire d'expérience sur l'évaporation de l'eau, parce qu'elle se geloit même au soleil, & celle de l'éther exige des attentions soutenues qui ont échappé à ceux qui l'ont tentée, & que je n'étois pas en état de prendre.

Je fus obligé par la même raison de renoncer à des expériences nouvelles que j'avois projetées sur la transparence de l'air. Mais j'espère de réparer ces omissions. M. EXCHAQUET a découvert, à l'est du Mont-Blanc, un grand plateau élevé de 18 à 1900 toises, & dans une situation très-avantageuse pour des expériences. On trouve sur ses bords quelques rochers où l'on pourra fe conftruire des abris ; & comme à cette hauteur je ne fuis point incommodé par la rareté de l'air, j'irai m'y établir avec mon fils ; nous préparerons là fur-le-champ notre acide marin ; nous y pafferons quelques jours, & nous efpérons d'y faire diverfes obfervations intéreffantes.

POST-SCRIPTUM.

Je n'ai point vu la Mer du haut du Mont-Blanc ; mais comme plufieurs perfonnes m'ont demandé fi je l'avois vue, j'ai eu la curiofité d'examiner fi cela feroit poffible. Le Mont-Blanc étant élevé de 2450 toifes, fa cime doit être vifible, abftraction faite de la réfraction, à la diftance de 126600 toifes, ou de 63 petites lieues de France. La réfraction augmente cette diftance d'environ 5 lieues & la porte ainfi à 68. Or les bords du golfe de Gênes où la Mer fe rapproche le plus du Mont-Blanc en font éloignés d'environ 112000 toifes. On pourroit donc voir, non-feulement le bord de la Mer, mais jufques à 12 lieues au-delà s'il n'y avoit que des plaines entre le Mont-Blanc & la Mer, & fi, ce qui n'eft guères probable, l'œil pouvoit diſtinguer l'eau de la terre à la diſtance de 56 lieues. Mais comme tout ce golfe est bordé de montagnes, j'oſe aſſurer qu'il est impoſſible qu'on découvre la Mer. Quant aux montagnes qui la bordent on peut certainement les voir; car j'ai bien cru reconnoître le Mont-Blanc du haut de la montagne de Caume ſituée à 2 lieues au nord de Toulon. Il est vrai que cette montagne, d'après mon obſervation du baromètre, est élevée au moins de 400 toiſes au-deſſus du niveau de la Mer.

www.ingramcontent.com/pod-product-compliance
Lightning Source LLC
Chambersburg PA
CBHW060607050426
42451CB00011B/2125